AF258120

RAPPORT

De la conduite qu'a tenue M. ROBERJOT LARTIGUE, *au sujet de l'entreprise formée par* DESSALINES, *pour soulever la* Martinique, *la* Guadeloupe *et* Marie-Galante.

> Celui-là fait bien mieux
> Qui fait beaucoup et dit peu.
>
> *Général* SIMCOË.

RAPPORT

DE LA CONDUITE

QU'A TENUE

M. ROBERJOT LARTIGUE,

AU SUJET DE L'ENTREPRISE FORMÉE
PAR DESSALINES,

POUR SOULEVER

LA MARTINIQUE, LA GUADELOUPE ET MARIE-GALANTE;

Certifié de MM. le Lieutenant-général-Gouverneur de la Guadeloupe et dépendances; le Général-Préfet colonial et le Général-commandant des troupes de la même île; le Colonel-commandant de la ville et arrondissement de St-Pierre; le Grand-Juge de la Martinique; le Général-commandant en chef, Administrateur-général de Santo-Domingo; d'un Habitant, Officier de la Trinité espagnole; et le Grand-Juge de St-Thomas, Conseiller de Justice actuel de S. M. le Roi de Danemarck.

*Daté de St-Thomas, île Danoise,
du 26 Mai 1806.*

DUBRAY, IMPRIMEUR, RUE VENTADOUR, N.° 5.

1815.

AU ROI.

S IRE,

Permettez à l'un de vos sujets les plus respectueux, de donner à Votre Majesté des preuves de son amour pour son auguste Personne, sentiment inaltérable qu'il a eu l'honneur de manifester, comme bordelais, à S. A. R. Monseigneur le Duc d'Angoulême, lorsque la ville s'empressa de lui présenter ses hommages et d'exprimer son alégresse pour l'heureux retour de Votre Majesté et de la Famille Royale dans ses Etats.

Il a cru ne pouvoir mieux témoigner ses regrets pendant la longue et douloureuse absence que des tems malheureux ont exigée de Votre Majesté, qu'en employant ses services et son zèle à la conservation des Colonies françaises, où il a servi la majeure partie de sa vie.

Il a l'honneur de présenter à Votre Majesté, un Rapport de ses services et de leurs succès, en sa qualité d'Agent français aux Iles danoises, certifié des Gouverneurs généraux, Commandans, Officiers supérieurs et Autorités de la

Martinique et de la Guadeloupe. Le Grand-juge de Saint-Thomas, Conseiller de justice actuel de S. M. le Roi de Danemarck, est aussi un de ceux qui attestent son activité et sa surveillance, pour avoir conservé à la France ces deux Colonies. Les Originaux seront mis sous les yeux de Votre Majesté, lorsque l'Exposant fera la demande de sa retraite, que son grand âge autant que ses services méritent.

Il est, avec le plus profond respect,

SIRE,

de Votre Majesté,

un des plus soumis de vos Sujets,

ROBERJOT LARTIGUE,

Ex-Agent auprès du Gouvernement danois,
à la résidence de St-Thomas.

RAPPORT

De la conduite qu'a tenue M. Roberjot Lartigue, au sujet de l'entreprise formée par Dessalines pour soulever la Martinique, la Guadeloupe et Marie-Galante.

PENDANT que M. Roberjot Lartigue a fait le service à St-Thomas, en qualité d'Agent et en qualité de Commissaire du Gouvernement français, il a fait dissoudre et déporter de St-Thomas un club de nègres et de gens de couleur qui étaient envoyés par Dessalines, chef des révoltés de St-Domingue, afin de parvenir à passer dans les colonies françaises pour soulever la Martinique et la Guadeloupe, et au mois de Décembre 1805, Dessalines expédia de St-Domingue des émissaires pour exécuter le projet monstrueux de descendre à la Martinique et à la Guadeloupe, d'y assassiner tous les habitans, de brûler les villes, de soulever les nègres et les gens de couleur, libres ou esclaves, et d'y former 14 régimens, s'en rendre maître et établir l'indépendance de ces deux colonies.

M. Roberjot Lartigue, agent à St-Thomas, prévenu des projets destructeurs de Dessalines, s'empressa de prévenir le Général et le Juge de St-Thomas ; il leur demanda de défendre les relations commerciales de St-Thomas avec les nègres révoltés de St-Domingue. Le Gouvernement danois rendit alors un arrêté, le 15 Octobre 1805, qui défendait à tous négocians et capitaines de navires de commercer et communiquer avec les révoltés de St-Domingue, sous peine de la confiscation du navire, de sa cargaison et de 10,000 fr. d'amende, mesure qui fut nécessaire pour couper toute communication avec les esclaves et gens de couleur révoltés de St-Domingue ; M. Roberjot Lartigue demanda encore au Gouverneur des îles Danoises de lui fournir les moyens de déporter tous les nègres de St-Domingue qui étaient à St-Thomas ; il s'y trouva même plusieurs autres personnes qui se prêtaient aux projets de Dessalines qui furent déportées.

M. Roberjot Lartigue n'a eu qu'à se louer du Gouverneur, du Commandant et chef de la police danoise, par l'empressement qu'ils ont mis à être utiles aux intérêts et au salut des colonies françaises.

M. Roberjot Lartigue prévint M. l'Amiral Villaret, Gouverneur de la Martinique, M. Ernouf, Gouverneur de la Guadeloupe, le Général Ferrand, à St.º-Domingo, le Commandant de St-Martin, et les instruisit tous des projets de Dessalines de soulever toutes les colonies françaises, de s'en rendre maître par les moyens les plus audacieux et les plus criminels ; le Général Ernouf envoya de suite un Aide-de-camp, pour aviser avec M. Roberjot Lartigue aux mesures que les circonstances exigeaient ; tous les autres Gouverneurs firent aussi prendre toutes les mesures nécessaires pour garantir leurs rivages de l'approche de Dessalines et des émissaires qu'il avait expédiés pour soulever les colonies, et particulièrement la Martinique et la Guadeloupe.

Le plan de Dessalines était de descendre aux fêtes de Noël 1805, pour exécuter cette horrible entreprise.

Pendant la nuit des fêtes de Noël, cette troupe d'émissaires chercha en vain à descendre à la Martinique et à la Guadeloupe ; ils n'abandonnèrent pas pour cela leur entreprise désastreuse et criminelle : ils furent alors descendre à la Trinité espagnole, au mois de Décembre 1805, la veille des fêtes de Noël, mais leur dessein fut aussitôt découvert, parce que plusieurs négresses marchandes qui étaient en nombre dans les chemins, pour soulever les nègres et les mulâtres, chantaient : *le sang des blancs est bon pour boire ; la chair des blancs est bonne pour manger ;* (vive Dessalines). Le Général Isloop, gouverneur de la Trinité, fut prévenu ; il envoya de suite des troupes pour arrêter les marchandes, les nègres, les mulâtres, les étrangers et ceux qui étaient réunis ; beaucoup de tout sexe furent pris et mis en prison. Le lendemain on procéda à faire des informations et à juger les coupables ; 3o chefs de couleur eurent la tête tranchée ; il y eut plusieurs autres peines prononcées ; quantité furent déportés, et, pendant longtemps, on resta armé pour remettre l'ordre. Les témoins qui déposèrent, et un des accusés, déclarèrent que l'ordre de Dessalines était d'assassiner, la nuit de Noël, tous les habitans, de brûler la ville, de soulever les esclaves et d'y nommer un Roi.

M. Roberjot Lartigue fit prendre, à la Trinité, copie du Jugement et l'envoya à M. Moreau de St-Méry, Conseiller d'Etat, pour lui donner la publicité qu'il jugerait convenable.

Certifié véritable, *à St-Thomas*, *île Danoise*, *le 20 Mai 1806*,

Signé ROBERJOT LARTIGUE.

CERTIFICATION.

Je certifie que j'ai eu connaissance des projets désastreux de Dessalines contre les colonies françaises; de l'établissement d'un club insurrecteur composé de nègres et de mulâtres, pour soulever nos îles et massacrer les blancs; des avis donnés, à cet égard, par M. Roberjot Lartigue, délégué de la Martinique, de la Guadeloupe et de Santo-Domingo, aux divers Gouvernemens coloniaux, de la part très-active qu'il a eue à la dissolution de ce club et à la punition de ceux qui en étaient les principaux chefs.

Je certifie, enfin, qu'il a secondé de tous ses moyens les officiers envoyés à cet effet à St-Thomas, par M. le Capitaine-général Ernouf, et qu'il a bien mérité des colonies et du Gouvernement, par la surveillance active avec laquelle il les a instruits des complots des nègres révoltés de St-Domingue, et de ses efforts constans pour les déjouer.

Le Maréchal-de-camp ci-devant Préfet
colonial de la Guadeloupe,

Signé De Kerversau.

Je soussigné ci-devant commandant des troupes à la Guadeloupe, certifie que l'exposé contenu dans le rapport de M. Roberjot Lartigue, est d'une exacte vérité; que pendant mon séjour à l'île St-Thomas, j'ai eu occasion de juger par moi-même de toutes les opérations et les efforts faits par M. Roberjot Lartigue, à l'effet de détruire tous les fermens et projets d'insurrection des agens de Dessalines et Cristophe; que par son zèle et sa fermeté, il est parvenu, à l'aide de l'appui du Gouverneur de la Guadeloupe, à dissoudre et disperser les clubs insurrecteurs entretenus par les chefs de St-Domingue, et dont le but était de propager un soulèvement général parmi les nègres des colonies françaises.

Paris, le 9 Octobre 1814.

Le Maréchal-de-camp,

FAUJAS DE ST-FOND.

Je soussigné, Lieutenant général, ex-Capitaine-général de la Guadeloupe et dépendances, certifie que M. Roberjot Lartigue, Agent employé par le Gouvernement à St-Thomas, a employé la plus grande et la plus active surveillance dans cette île, pour déjouer les projets du chef des rebelles Dessalines, qui avait envoyé des émissaires dans cette île, pour prêcher la propagande et se répandre à la Guadeloupe et à la Martinique, pour engager les nègres à lever de nouveau l'étendart de la révolte ; que ce fut par les avis de M. Roberjot Lartigue que j'envoyai le Lieutenant-Colonel Mouton, mon Aide-de-camp, vers le Gouverneur danois, afin de le prévenir du danger qu'il y avait de souffrir dans son île de pareils émissaires ; que le Gouverneur Danois ayant pris conseil de M. Roberjot Lartigue, fit arrêter et déporter ces émissaires dont les machinations auraient de nouveau excité la révolte dans les colonies françaises.

Certifie, en outre, que M. Roberjot Lartigue m'a toujours tenu au courant de ce qui pouvait être utile à la sûreté des colonies françaises.

A Paris, le 9 Octobre 1814.

Signé ERNOUF.

Je soussigné, habitant de l'île de la Trinité et officier à l'époque ci-dessus mentionnée, au service de S. M. Britannique, dans ladite île, certifie avoir vu

(7)

condamnation et exécuter, à la fin de l'année 1805, plusieurs hommes de couleur, nègres libres ou esclaves, convaincus d'avoir cherché à soulever les esclaves de ladite île, et que ce qui est ci-dessus avancé par M. de Lartigue, à l'égard de ce jugement, par le Gouverneur Isloop, est véritable.

Paris, le 24 Octobre 1814.

Signé J. LOPPINOT.

———

Je soussigné, Colonel et Commandant de la ville et arrondissement de St-Pierre (Martinique), certifie que j'ai une entière connaissance des faits avancés de l'autre part par M. Roberjot Lartigue, Agent du Gouvernement français à St-Thomas ; qu'il a été en correspondance avec M. l'Amiral Villaret de Joyeuse, Capitaine-général de la Martinique, pour déjouer les projets de Dessalines ; que M. l'Amiral a, dans tous les temps, rendu justice au zèle et aux services de M. Roberjot Lartigue, et que j'ai reçu moi-même, comme Commandant de St-Pierre, des instructions en conséquence des avis qu'il avait soin de donner pour la sûreté de la colonie.

A Paris, le 25 Octobre 1814.

Signé le Colonel LEBERTHE,
Adjudant-Commandant.

———

Je soussigné, ancien Grand-Juge à la Martinique, joins, par devoir, mon témoignagne aux déclarations ci-jointes ; ayant eu connaissance parfaite, par suite de mes rapports avec le Capitaine-général de la Martinique, des services importans que M. Roberjot Lartigue a rendus aux Antilles, par sa surveillance et sa découverte de divers complots des nègres révoltés de St-Domingue contre la sûreté des autres colonies.

A. Paris, le 28 Octobre 1814.

Signé LE FESSIER GRANDPREY,

Conseiller en la Cour de Cassation, Chevalier de la Légion d'Honneur.

Je certifie avoir eu connaissance des projets de Dessalines contre les colonies françaises, et des services rendus à cette occasion par M. Roberjot Lartigue, délégué des Gouvernemens de la Martinique, de la Guadeloupe, de St°-Domingue à St-Thomas ; lequel, par son zèle et son active surveillance, a efficacement contribué au renversement des complots des émissaires du chef de rebelles Dessalines et au châtiment des coupables.

Le Maréchal-de-Camp, ex-Commandant en chef, Administrateur-général, faisant fonctions de Capitaine-général à Santo-Domingo.

Signe DE BARQUIER.

Paris, 20 Novembre 1814.

Certificat de S. E. M.r le Grand Juge de St-Thomas, Conseiller actuel de S. M. le Roi de Danemarck.

Le soussigné, Michaël Smith, Conseiller de justice actuel de S. M. le Roi de Danemarck, et Juge à St-Thomas,

Certifie que pendant son séjour à St-Thomas, en qualité de Juge, il a pleine connaissance que M. Roberjot Lartigue y était, et qu'en sa qualité d'Agent pour le Gouvernement français, il nous a souvent demandé, pour l'intérêt des colonies françaises, de lui prêter les secours de nos officiers de police, afin d'éviter que des gens de couleur ou des nègres ne s'introduisissent dans les îles Danoises, comme des émissaires envoyés de la part de Dessalines et des révoltés de St-Domingue, pour y former des projets de révolte et de destruction contre les Antilles françaises, et notamment à la fin de l'année 1805, à quoi le Gouvernement Danois s'est empressé de lui prêter tous moyens de protection, pour éviter qu'aucun émissaire du malfaiteur n'abordât dans les îles Danoises pour communiquer facilement dans les colonies françaises.

Que je dois rendre justice à la surveillance active de M. Roberjot Lartigue, en sa qualité d'Agent, pour éviter toute entreprise de la part des révoltés de St-Domingue.

Ce fut aussi dans ce temps, que selon les avis qu'on nous avait donnés que Dessalines avait projeté de soulever la Martinique et la Guadeloupe, ce qui fut évité, et nous croyons que la surveillance de M. Roberjot Lartigue y a beaucoup contribué; qu'à l'époque où on disait que les révoltés de St-Domingue avaient envoyés leurs émissaires à la Trinité espagnole, avec le dessein d'assassiner tous les habitans, brûler les villes, etc., M. Roberjot Lartigue demanda encore au Gouvernement danois de faire déporter des gens suspects qui communiquaient avec les revoltés de St-Domingue, et de défendre, dans les îles Danoises, le commerce avec les révoltés de St-Domingue; ce qui lui fut accordé.

Que je certifie que la tranquillité dont a joui la Martinique ainsi que la Guadeloupe, est pour une partie due à la grande surveillance de M. Roberjot Lartigue, en sa qualité d'Agent; qu'il a saisi toutes les occasions pour mériter des Autorités danoises tous les secours nécessaires pour éloigner les révoltés de St-Domingue et garantir les colonies françaises de tous projets désastreux.

Enfin, que M. Roberjot Lartigue présentait lui-même les officiers et matelots au service de la